JN439567

外面

구교익 시집

도서출판 경남

차례

DO WON

글

살아가는 맘과 시 쓰는 이유는
그 괴리에 대한 달램과
진솔한 이행의 기도겠지만
눈 감고 바라보는 내 모습의
거울 속 서글픔이기도

내일의 큰 모습보다
소박하게 상 차리고
서로 보아 이뻐하는 작은 삶이
더 큰 하늘이리라

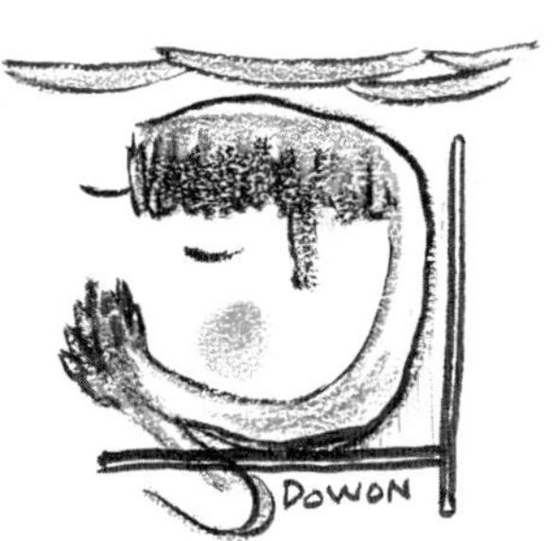
DOWON

가시나

가시나
가시나
가시나여

꽃웃음 주고
열매 주고
사랑 눈물

그래도
가시나여
그래서
가시나여

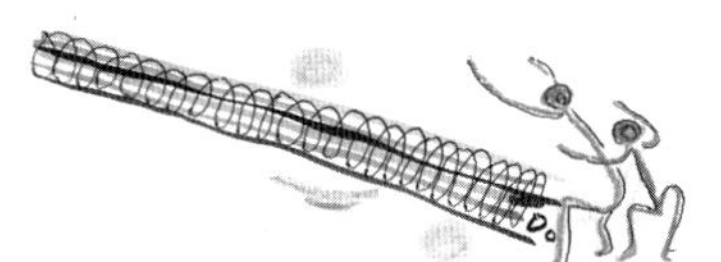

견 장

시가 어깨에 붙었네
대장시 졸병시 옹기종기
무리 짓는 쭉정인 양
외쳐야만 그 장단에
한마디씩 거드는 장터에서
뭐가 그리 바쁘던가여

자연이라 행복하면
자체로도 즐거운데
어릴 때 듣던 기타 소리
새롭고 또렷해져
정물의 세월 그대로
웅크리고 보고 있네

DOWAN

결 혼

혼과 혼의 결합
그렇다면 결혼은
몸과 껍데기를 벗어 던지고
이 겨울에는
한껏 추워질텐데

그 대

너무 많은 사람이 산에 올라
누군가 산을 정복했다 했어
개미 무리 지어 길에 나무에 엄청나다
산은 개미 같은 인간이 땅에 묻힐 때
한 줌도 안되는 게 날 정복했다는 게
넘 귀엽다
특히 올록볼록 묘봉이

어쨌든 그림자 대화라도
곁에 있는 게 사랑인 것을
넌
날마다 골똘은 했었는데
자신 생각할 짬 없어
니가 네 어깨 두드릴 때
미안하여라 눈물 젖은 세월아
어쩜 산이 어서 오라 해도
묻어두고 안 오는 거보단
흐르는 게 바람에 날리는 게
훨 재밌지 않을런가
지금도 못 가는 그대여
이렇듯 평화로워도
삶은 재활용 없어

그림자

네 그림자였음 해
말 없어도 같이 있고
맘 어두워 고개 숙일 때에도
나보다 더 조용히
울어주는 그림자
밝아 행복해질 땐
없는 듯 스러져도
다소곳 지켜주는
네 그림자였음 해

DOWON

끈

진리, 진실
덧없이
애먼 세월

왜, 메어만 두려는가

詩

날마다 시

이렇게 맛있는 콩이 놀랍고
그런 콩을 먹는 나는 더 놀라웠다
멸치볶음과 반찬이 시보다
더 감동인 걸 모르고 살았네

남

관 속을 울리는
먼 목소리

산을 깎는 낙수의
긴 허리

넌

넌
아마추어 권투선수
심장을 향해
카운터펀치 날리는
안일한 일상 깨우치는
교회 종소리

넌!

삶이란
그냥 사는 거라고
바람결에 흐트러지는 꽃망울
누구래서 무슨 얘길 하는가
메마른 어깨 위
비껴선 푸른 하늘
차마,

DOWON

눈 물

해는 멀리 있어 말을 안 한다
햇볕은 곁에 있어 따스한 친구였지
그렇게 뜨겁고 먼 울부짖음도
중독된 채
그저 앙가슴 통곡했던
눈물꽃 바라보는
아스라한 기억뿐

단 풍

막 달려오는 먼 산이
높푸른 캔버스에 오색물 뿌려
아차 , 벌써!
새악시 알록달록
가을 한 조각
시집을 가네

달빛 소묘

하세월
생가슴
자지러지는 달빛 울음
아득해지고
텅 빈
동구 밖 으스름 속
하 홀로 가는
그림자여
림
자
여

?!!

대화

그냥 서서
어깨너머
먹먹한 모습

말은
닫힌 입술의
눈물 무게

똥 개

넌
오늘도 짖는구나
개똥아
너도 짖는구나
물리지 않기 위해서
굶지 않기 위해

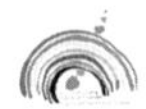

똥 배

왼발 오른발 가재처럼 올리고 내리고
조그만 똥배가 이쁘다
아무리 봐도 날으는 삼겹살
백 킬로는 못 되어도 복어 마냥 통통거린다
스모선수는 나의 희망
난 너무도 야위었다
나는 오뚜기가 된다
뒤뚱뒤뚱
어디까지 가련가 이렇게

DOWON

망 향

비껴선 하늘
고개 숙인 등짝구름
발자국 찍어
망망한 눈시울
어디서 왔는지
어디로 가는지
무슨 상관 있으랴

목걸이

나이 들면
다들 목걸이와 팔찌를 찬다
가슴살로 두르는 목걸이
두 팔마저 세월 물결에 묶여
이리저리 둘러봐도
놀던 그 자리
강물만 흘러갔네

목 숨

멀뚱멀뚱 기웃기웃
혼자 바쁜 눈망울
휘익
어느새 날아드는
세월 파리채

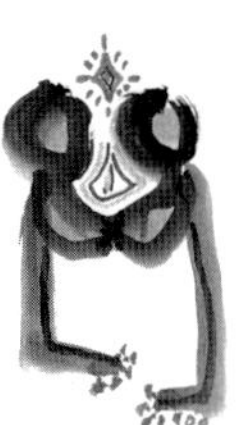

무 제

천사가 묻는다
천국이 어디냐고…

천국은 찾는다
천사가 어딨냐고…

DOWON

미 몽

바닷가
구름 하품
쌓다만 모래성
나 잡아봐라
솜사탕아
녹지 마
오래오래
가치 없다
같이 없다
말고

미 생

나만 생각하고 살았나봐
내 아픔 내 이익만
파리 모기 넘 싫었다
그래, 그것들이 얼마나 먹는다고
얼마나 산다고
이젠 밥상에서 짜증스런 손사래도
물려 가려워도 안달하지 않으니까
성내거나 막 긁지 않는다
그것들보다 내가 더
세상을 더럽히진 않았을까
더 아프게 했을런지도
청결을 일깨우고
뭔가 인생사 사이렌도 울려주지 못했는데
미물보다 못한 사람들도 꽉 찼다는데
그들에게도 성내거나 흉터 내진 말아야지
나보다 훨신 짧게 살
밥상 위 침대 위 친구 더불어

DoWon

벙어리

보고 싶단 말 자꾸 하면
안 보고 싶어져

벙어리
눈물만 흐를 뿐

정말 보고프면
말이래도 나올련가

보고픈 건
햇살 아래 몸 사르는 이슬방울뿐

별 의

억새는
억세게도 버티지만
갈 데까지 간
갈대는
왜 저리도 스산하누
넌 억새
난 갈대련가
같이 있고 흔들려서
위로하다 스러져도
한 세월
몸 비벼 노래하다
함께 가고 오자꾸나

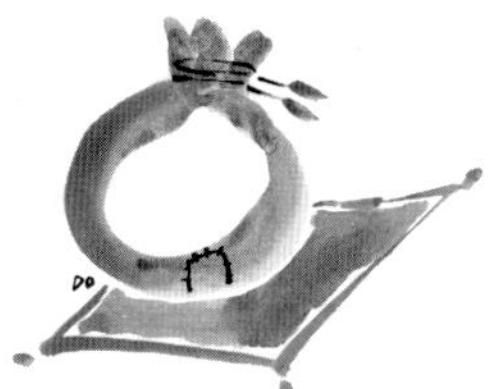

보따리

그냥 갖고 갈란다
받은 대로
없는 대로
꾸밈없이
우두커니 긴 그림자
멀리 가까이에
없는 듯 있는
내 보따리

봄

봄이 오면
개울물 만지고
산에 걸린 솜사탕도 베어 물고
식물원에서 나물 무치고
무지개도 씽씽 타고 싶다
아지랑이처럼
너에게 매달려

부 초

실낱같은
뿌리로
반생을 떠다녀
맺을 수 없는
물결에
떨리고만 있다

배롱나무
타는 몸부림
전율하는 세월에
매양
논바닥 허수아비로
되돌아온다

삭풍 휘뎅구르는
이파리 살풋한 망울로도
모두가 산다는 건
피가
붉고 끈적할
천리인 것을

사랑

난 너의
외출

넌 나의
사랑

DOWON

사려 깊은 담배

여인이
두 손가락 뻗어 사이 끼우고
사십오도 목으로
먼 달 보듯 아스라이
입술 얘기를 하는 저 눈빛
인생 전부를 요약하는 연기 속에
시름, 사랑 다 흐른다
요샌
소주잔보다 스마트폰에
더 바쁜 손총
그래도 역시
담배는 폼맛이라지만
저 총 맞아
다친 사람도 잘 산다는
세상 이야기

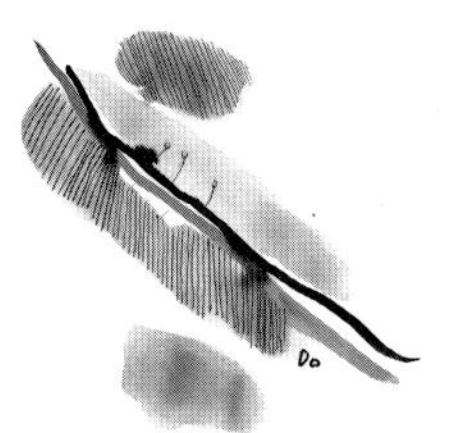

상 처

시간이 흘렀으므로
눈을 감는다
사연은
얼룩진 생채기에
기름 부어
헛된 이름을 부끄러워해도
삶은
시간을 따라 흘렀으므로
자욱에 주름 지워
먼 꿈을
망각케 한다

DOWON

서 민

세다 아직은
작살나는 꽁초
필타도 옷을 벗는다
행복해
이 안일한 시원함이
오늘도 별 게 없는 거야
다행한 게 행복인지
한 발짝이 천국인데
크억 딱 한 잔만 더
어 어쩔려구

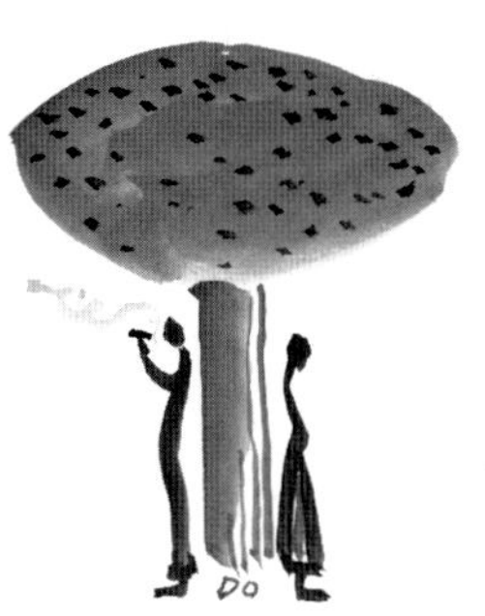
DO

석 별

안 봐도 편해가는 건
또 다른 눈물 훔치는
맨드라미 침묵

성 벽

등 허물어
오래토록
길고 허전한 상처
완강한 외면도
세월 흐트러진
낙화

세 상

새파랗게
참고 구멍난
외할매
함석 다라이

세 월

저기 춥고
영롱한 고드름
초가 끝에 똑똑 녹아
올려다보던 꼬마
새털구름 타고
흘러가네

DOWON

세월!

혼자 걷고 있는
내 그림자
문득 스치는
오십여 년

세월아
넌
그렇게
어리구나

숨바꼭질

숨이 가팠다
바위에선
꼭
질질 미끄러졌어

평생을 그랬다
네 손이 그리워서

스 멜

향기 스며든
옷 슬며시 사각대는
네 살갗이 달다
눈동자 가만가만
바람 따라 그린 이름
입술에 오롯한
눈물

아기자기

찬바람
낮은 천장
자리끼 얼어도
아기하고 자기하고
작은 아랫목 긴 발목
허접한 이불깃은
어깨 시린
별빛 눈망울

아지랑이

시절을 매워하는
빈 하늘가
저기
한 점 구름 서성거려
까마득히
아지랑이 한 올 울먹일 땐
맨주먹이래도
달음질쳤으련만
먼 눈빛
엄지 입에 물고
맘만
그늘 지워져

아픈 꽃

말과 입은 서로 다른 얘기를 해
착하진 않더라도 거짓말 안하듯
더 깨끗한 사랑도
이쁜 꽃으로만 핀다면
풀 이슬보다
더 못생긴 아픈 꽃들보다
사랑스럽기만 할 건가
작은 희한이래도
살아야만 볼 수 있는 것인지
아프지 않아서 그 말을 넘 몰랐다
참 바보였다

DOWON

어 둠

여기 와 나는
머문다
니가 있어
눈 감아도 아늑하다

여기 와

DOWON

어딨뇨! 그 후두둑

바이올린 총총 켜던 장끼 나래짓에
놀란 다람쥐 잽싼 꽁지에 떨어지던 송이밤도
구슬놀이 바쁘던 호박 이파리 빗발 노래로
싸리문가 마당 낯짝 매운 따발소나기에 씻기우고
무쇠솥 높은음자리 뜸물 내음에 스미어
키 채질하던 쭉정이 돌콩들과 합창했던

비단숨결 언덕배기 맑은 실개울
가재 튕긴 물방울에 종아리 시린
그 햇살 속 꽃 엉덩이들
다 어딨뇨!

어 린

어리듯
흔들거려
아득한 불빛
먼 어디 헤매던
숨결 반백 년
빛 이쁠수록
세월 더 아려
달 아래
벙어리 입술
너 서 있다

어떤 사랑

그미는 걸레 들면 농이나 티브 씽크
안 가리고 알뜰살뜰 정답게 치운다
밖에서도 이 사람 저 사람 안 가리고
막걸리 사발처럼 정답게 다 행복하다
착하고 여린 구름 속 발 담그고
헤픗이 웃는 그미
천사랑 살았구나
버려도 웃는 눈물 어린

여 정

저기 먹구름
난 겁났어
눈 뜨이고 스며든 순간
가야 한다고 왜 말 안 했어
지나오던 둥지들은 추웠지만
기도는 외투보다 따스했고
가난은 사과나무 아래 올빼미같이 무서웠어
내 얼굴도 마굿간 옆에서 떠날 채비를 했고
싸리문 너머 황톳길은 우두커니 몸서릴 쳐도
고삐 흔들리는 비탈에서 볼은 따뜻했는데
버리지 말라고 떼쓰는 모습
날리는 눈꽃에 온몸이 시렸어

철새떼 떠돌고
스멀대며 아려오는 유리창엔
그 환한 모닥불 웃음들이 칸칸 젖어 있어
서성이던 네 그림자도 보낸 편지는 받았는지
돌아누운 쟁반 위 닭살도 혼자이긴 싫었지만
못 갖춘 운명대로 우리 결혼할까
언듯 아까시 향기 새벽 깨뜨리고
궁그러드는 해와 달
그래 그런 세상도 다 진력났어
기침 쿨럭이고 물안개 자욱한데
아직도 웃고 있을까
저기 먹구름

연

우리 서로
사랑하는 까닭이 있다

그저 그냥이고
그저 그냥이 아니다
네 살아온 거와
내 여기 있는 건
한 줄기 같은 강이려니
세월은
그 언저리가 닮아 있으리

인연이란
우연 아니고
필연도 아닌
당연이란 걸 너도
자연 알 것이다

緣

잡다가 놓는다

잡는 걸 원망하랴
놓는 걸 원망하랴
잡는 것도 사랑이고
놓는 것도 자비인데

다 같이 있는 아름다운 인연인 것을
흩어져 눈시울 여리는 인연인 것을

— 천도재 법당

DOWON

영 장

참새는 하늘 날고
피라미는 물속에서 재빠르다
호랑이는 용맹하고 또 코끼리는 엄청 크다
날 수 없고 물속에서 숨 못 쉬는
힘 세지도 크지도 않는 인간이
왜 만물의 영장인지 몰랐다

어느 날부터 몸이 아파와
휠체어며 지팡이 변기를 준비하면서
영장과 최고라는 것은
너무나 못하는 게 많다는 뜻이며
그래서 착실하게 준비하고
능력 없고 약해서 영장이 됐다는 걸 알았다

옛 집

오래된 신경통
뚝 뚝
까만 밤엔
세월 더욱 아려오나봐
덩그러니
너

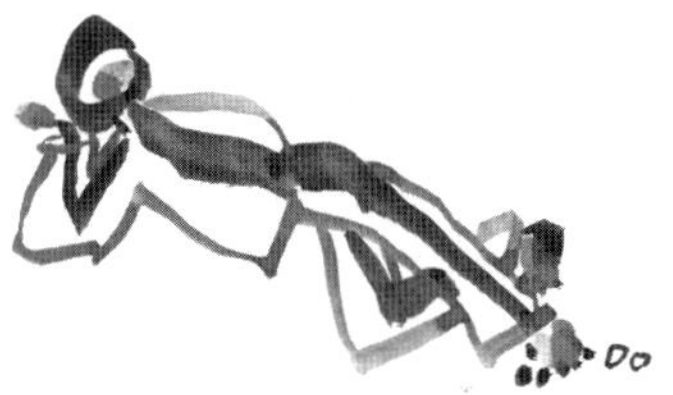

옷

시간이 가져다 준 나이
나는 그 등식을 외면하는가
못 미치는 걸까
바보스런 공식
진부한 허식
그래도 날마다 답을 쓴다
난 이미
옷을 입어 편해져 버렸으니까

DoWoN

외 면

예사롭지 않는
그 속 사이 흐르는
어둔 곡선들 안
직선이 눈을 감는
원의 흐느낌
지워지는 선
굳어가는 점들
아쉬운 내면,
유성 흐르는
아름다운 직선
바라보는

Do

인 생

길 가다
들렀습니다

인생
한 토막
들렀다 갑니다

좋은 친구들
이쁜 새들과 나무
시냇물에
발 씻고 갑니다

인생!

니가 있어
초라하지 않았다

항상
빗속 풀잎처럼
싱싱하고 소박했다

종 교

십자가
사랑은 고통일진대
부처는 웃고 있다
자비롭게

주 인

주인 없는 이는 불을 켠다
주인이란
주인이 없다는 걸 아는 사람
안 보여서
그를 찾는 건 아닐거다
그냥
왜 사는 건지
눈 시려 불을 켠다
주인은 서로를 찾지 않고
영원히 외론 주인일 뿐

착 각

착각 착각
열심히 살아

착각 착각
가버린 세월

DO WON

참말로

하늘 보고
길 보고
아슴푸레 콱 막히던
어릴 적 고갯마루
망아지 한숨으로
쳇바퀴를 못 벗고서
가야지 떠나야지 어언 육십
이젠 내 오랜 친구
후회!
그 친구 없었던들
내 인생
참말로 후회했을 거여

첫 눈

첫정처럼
흰 눈이 내리고
눈 속에 네가 내려
날리며
바라보는 미소
꽃눈
꽃당신

　　.
　.　.　.
.　.　.
　.　.　.　.
 .　.　.　.

첫사랑

이쁜 줄 몰랐다
부끄런
아픈 이슬꽃
널 찾는 눈물로
상처는
홀로 숨던
첫경험 흔적

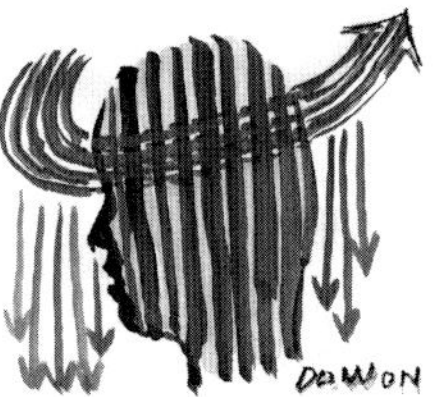
DaWoN

추 억

추억을 일찍 가져버린 사람은
그로부터 지금까지가
또 다른 과거였음을 망각한다
세상이 달라지고
밝음 아래 자신이 던져질 때
지나버린 인생
그 젊음은 보상받지 못한다

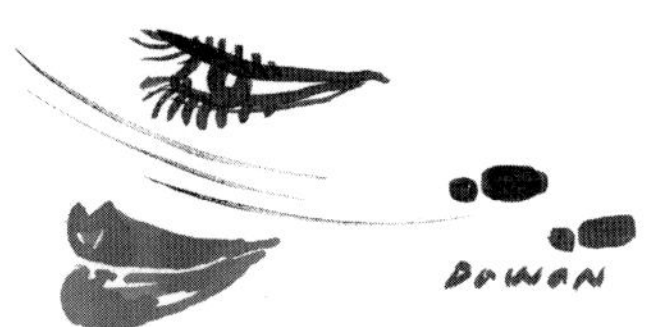

타 인

미안해
원망이래도
멀리서 보는 눈동자
그림자 낯설은
각질의 침묵
서성대던 발자국도
미안스러이
숨소리도 짜다
두어 해 한 번씩
보는 모습 편해
지나는 객처럼
웃는 세월
누굴까

DAINAN

파 도

뛰어온다 바쁘게
성나게 다그치며

물러가 포기한다
하얀 그 포말 얘기들

포 옹

안지 마라
얼굴 못 보니까
몸과 맘
다른 그림자
누구를 찾는
차가운 도킹
넌 누구니!

DO

풍선

보면 좋고
못 보아도
동그란 가슴
하늘 안고
너에게
날아간다

DOWON

하세월

하늘 땅
깡총대는 햇빛
뛰놀던 눈망울
게으른 눈꺼풀
해
해
해
싱싱한 풀잎 아래
묻힌 네 결
내 숨결

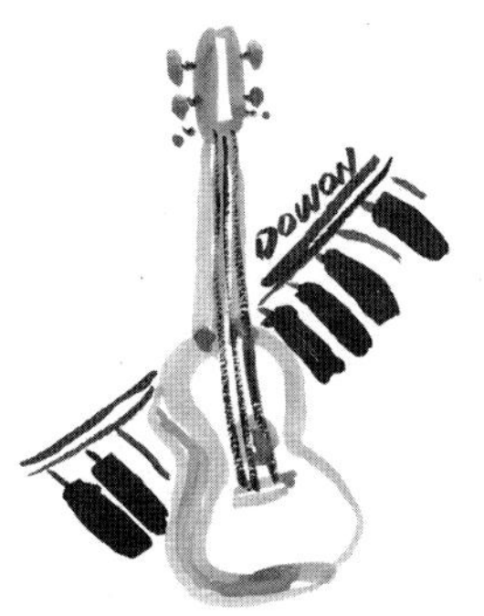
DOWON

향 수

피아노는 속삭이고
기타는 애잔하다

옛적은 옆에 있어
옛적이 아니다

호 수

바라지 않는 갈망이
바람 불지 않는 곳에
파문으로 여울져
그저 그림자로 다가온다
꿈결에 잠긴 검푸른 얼굴

화 로

자식은
사랑과 회초리와 성실이란
세 다리로 비로소 서는
화로다

그 화롯불을 잘 보살피듯
아픈 어머니께
평생 반성해야 한다

경남시인선 171

외면

구교익 시집

펴낸날 | 2015년 8월 8일

지은이 | 구 교 익
펴낸이 | 오 하 룡
펴낸곳 | 도서출판 경남

주 소 | 창원시 마산합포구 몽고정길 2-1
연락처 | (055)245-8818~8819
블로그 | gnbook.tistory.com
이메일 | gnbook@empas.com
등 록 | 제567-1호(1985. 5. 6.)
편집팀 | 오태민 | 심경애 | 구도희

ISBN 978-89-7675-995-5-03810

〔값 10,000원〕